Mijn dankbaarheidsdagboek

Bedankt voor het kiezen van ons product, we hopen dat je het leuk vindt! Als je dat doet, zou je dan overwegen om ons een recensie te geven op Amazon? Dit helpt ons om geweldige producten te blijven leveren en helpt potentiële kopers om met vertrouwen beslissingen te nemen.

Elodia Edition

Dankbaarheid

Ik ben dankbaar voor ... Datum: ....../...../......

....

1. ______________________________________

2. ______________________________________

3. ______________________________________

Ik ben dankbaar voor ... Datum: ....../...../......

....

1. ______________________________________

2. ______________________________________

3. ______________________________________

Ik ben dankbaar voor ... Datum: ....../...../......

....

1. ______________________________________

2. ______________________________________

3. ______________________________________

Dankbaarheid

Ik ben dankbaar voor ... Datum: ....../...../......

....

1.____

2.____

3.____

Ik ben dankbaar voor ... Datum: ....../...../......

....

1.____

2.____

3.____

Ik ben dankbaar voor ... Datum: ....../...../......

....

1.____

2.____

3.____

Dankbaarheid

Ik ben dankbaar voor ... Datum: ....../...../......

....

1.____

2.____

3.____

Ik ben dankbaar voor ... Datum: ....../...../......

....

1.____

2.____

3.____

Ik ben dankbaar voor ... Datum: ....../...../......

....

1.____

2.____

3.____

Dankbaarheid

Ik ben dankbaar voor ... Datum: ....../...../......

....

1.____
2.____
3.____

Ik ben dankbaar voor ... Datum: ....../...../......

....

1.____
2.____
3.____

Ik ben dankbaar voor ... Datum: ....../...../......

....

1.____
2.____
3.____

Dankbaarheid

Ik ben dankbaar voor ... Datum: ....../...../......

....

1.____

2.____

3.____

Ik ben dankbaar voor ... Datum: ....../...../......

....

1.____

2.____

3.____

Ik ben dankbaar voor ... Datum: ....../...../......

....

1.____

2.____

3.____

Dankbaarheid

Ik ben dankbaar voor ... Datum: ....../....../......

....

1. ______________________________
2. ______________________________
3. ______________________________

Ik ben dankbaar voor ... Datum: ....../....../......

....

1. ______________________________
2. ______________________________
3. ______________________________

Ik ben dankbaar voor ... Datum: ....../....../......

....

1. ______________________________
2. ______________________________
3. ______________________________

Dankbaarheid

Ik ben dankbaar voor ... Datum: ....../...../......

....

1.____

2.____

3.____

Ik ben dankbaar voor ... Datum: ....../...../......

....

1.____

2.____

3.____

Ik ben dankbaar voor ... Datum: ....../...../......

....

1.____

2.____

3.____

Dankbaarheid

Ik ben dankbaar voor ... Datum: ....../....../......

....

1.____
2.____
3.____

Ik ben dankbaar voor ... Datum: ....../....../......

....

1.____
2.____
3.____

Ik ben dankbaar voor ... Datum: ....../....../......

....

1.____
2.____
3.____

Dankbaarheid

Ik ben dankbaar voor ... Datum: ....../....../......

....

1.____

2.____

3.____

Ik ben dankbaar voor ... Datum: ....../....../......

....

1.____

2.____

3.____

Ik ben dankbaar voor ... Datum: ....../....../......

....

1.____

2.____

3.____

Dankbaarheid

Ik ben dankbaar voor ... Datum: ....../...../......

....

1.____

2.____

3.____

Ik ben dankbaar voor ... Datum: ....../...../......

....

1.____

2.____

3.____

Ik ben dankbaar voor ... Datum: ....../...../......

....

1.____

2.____

3.____

Dankbaarheid

Ik ben dankbaar voor ... Datum: ....../...../......

....

1. ____
2. ____
3. ____

Ik ben dankbaar voor ... Datum: ....../...../......

....

1. ____
2. ____
3. ____

Ik ben dankbaar voor ... Datum: ....../...../......

....

1. ____
2. ____
3. ____

Dankbaarheid

Ik ben dankbaar voor ... Datum: ....../...../......

....

1.____
2.____
3.____

Ik ben dankbaar voor ... Datum: ....../...../......

....

1.____
2.____
3.____

Ik ben dankbaar voor ... Datum: ....../...../......

....

1.____
2.____
3.____

Dankbaarheid

Ik ben dankbaar voor ... Datum: ....../...../......

....

1.____

2.____

3.____

Ik ben dankbaar voor ... Datum: ....../...../......

....

1.____

2.____

3.____

Ik ben dankbaar voor ... Datum: ....../...../......

....

1.____

2.____

3.____

Dankbaarheid

Ik ben dankbaar voor ... Datum: ....../...../......

....

1.______________________________________

2.______________________________________

3.______________________________________

Ik ben dankbaar voor ... Datum: ....../...../......

....

1.______________________________________

2.______________________________________

3.______________________________________

Ik ben dankbaar voor ... Datum: ....../...../......

....

1.______________________________________

2.______________________________________

3.______________________________________

Dankbaarheid

Ik ben dankbaar voor ... Datum: ....../...../......
....

1.____
2.____
3.____

Ik ben dankbaar voor ... Datum: ....../...../......
....

1.____
2.____
3.____

Ik ben dankbaar voor ... Datum: ....../...../......
....

1.____
2.____
3.____

Dankbaarheid

Ik ben dankbaar voor ... Datum: ....../...../......

....

1. ____
2. ____
3. ____

Ik ben dankbaar voor ... Datum: ....../...../......

....

1. ____
2. ____
3. ____

Ik ben dankbaar voor ... Datum: ....../...../......

....

1. ____
2. ____
3. ____

Dankbaarheid

Ik ben dankbaar voor ... Datum: ....../....../......

....

1.____

2.____

3.____

Ik ben dankbaar voor ... Datum: ....../....../......

....

1.____

2.____

3.____

Ik ben dankbaar voor ... Datum: ....../....../......

....

1.____

2.____

3.____

Dankbaarheid

Ik ben dankbaar voor ... Datum: ....../...../......

....

1.______________________________________

2.______________________________________

3.______________________________________

Ik ben dankbaar voor ... Datum: ....../...../......

....

1.______________________________________

2.______________________________________

3.______________________________________

Ik ben dankbaar voor ... Datum: ....../...../......

....

1.______________________________________

2.______________________________________

3.______________________________________

Dankbaarheid

Ik ben dankbaar voor ... Datum: ....../...../......

....

1.____

2.____

3.____

Ik ben dankbaar voor ... Datum: ....../...../......

....

1.____

2.____

3.____

Ik ben dankbaar voor ... Datum: ....../...../......

....

1.____

2.____

3.____

Dankbaarheid

Ik ben dankbaar voor ... Datum: ....../...../......

....

1. ______________________________
2. ______________________________
3. ______________________________

Ik ben dankbaar voor ... Datum: ....../...../......

....

1. ______________________________
2. ______________________________
3. ______________________________

Ik ben dankbaar voor ... Datum: ....../...../......

....

1. ______________________________
2. ______________________________
3. ______________________________

Dankbaarheid

Ik ben dankbaar voor ... Datum: ....../...../......

....

1.____

2.____

3.____

Ik ben dankbaar voor ... Datum: ....../...../......

....

1.____

2.____

3.____

Ik ben dankbaar voor ... Datum: ....../...../......

....

1.____

2.____

3.____

Dankbaarheid

Ik ben dankbaar voor ... Datum: ....../...../......

....

1.____

2.____

3.____

Ik ben dankbaar voor ... Datum: ....../...../......

....

1.____

2.____

3.____

Ik ben dankbaar voor ... Datum: ....../...../......

....

1.____

2.____

3.____

Dankbaarheid

Ik ben dankbaar voor ... Datum: ....../...../......

....

1.____

2.____

3.____

Ik ben dankbaar voor ... Datum: ....../...../......

....

1.____

2.____

3.____

Ik ben dankbaar voor ... Datum: ....../...../......

....

1.____

2.____

3.____

Dankbaarheid

Ik ben dankbaar voor ... Datum: ....../...../......

....

1.____

2.____

3.____

Ik ben dankbaar voor ... Datum: ....../...../......

....

1.____

2.____

3.____

Ik ben dankbaar voor ... Datum: ....../...../......

....

1.____

2.____

3.____

Dankbaarheid

Ik ben dankbaar voor ... Datum: ....../...../......

....

1. ____

2. ____

3. ____

Ik ben dankbaar voor ... Datum: ....../...../......

....

1. ____

2. ____

3. ____

Ik ben dankbaar voor ... Datum: ....../...../......

....

1. ____

2. ____

3. ____

Dankbaarheid

Ik ben dankbaar voor ... Datum: ....../...../......

....

1.____

2.____

3.____

Ik ben dankbaar voor ... Datum: ....../...../......

....

1.____

2.____

3.____

Ik ben dankbaar voor ... Datum: ....../...../......

....

1.____

2.____

3.____

Dankbaarheid

Ik ben dankbaar voor ... Datum: ....../...../......

....

1.____

2.____

3.____

Ik ben dankbaar voor ... Datum: ....../...../......

....

1.____

2.____

3.____

Ik ben dankbaar voor ... Datum: ....../...../......

....

1.____

2.____

3.____

Dankbaarheid

Ik ben dankbaar voor ... Datum: ....../...../......

....

1.____
2.____
3.____

Ik ben dankbaar voor ... Datum: ....../...../......

....

1.____
2.____
3.____

Ik ben dankbaar voor ... Datum: ....../...../......

....

1.____
2.____
3.____

Dankbaarheid

Ik ben dankbaar voor ... Datum: ....../...../......

....

1.____

2.____

3.____

Ik ben dankbaar voor ... Datum: ....../...../......

....

1.____

2.____

3.____

Ik ben dankbaar voor ... Datum: ....../...../......

....

1.____

2.____

3.____

Dankbaarheid

Ik ben dankbaar voor ... Datum: ....../....../......

....

1.____
2.____
3.____

Ik ben dankbaar voor ... Datum: ....../....../......

....

1.____
2.____
3.____

Ik ben dankbaar voor ... Datum: ....../....../......

....

1.____
2.____
3.____

Dankbaarheid

Ik ben dankbaar voor ... Datum: ....../...../......

....

1.____

2.____

3.____

Ik ben dankbaar voor ... Datum: ....../...../......

....

1.____

2.____

3.____

Ik ben dankbaar voor ... Datum: ....../...../......

....

1.____

2.____

3.____

Dankbaarheid

Ik ben dankbaar voor ... Datum: ....../...../......

....

1. ____
2. ____
3. ____

Ik ben dankbaar voor ... Datum: ....../...../......

....

1. ____
2. ____
3. ____

Ik ben dankbaar voor ... Datum: ....../...../......

....

1. ____
2. ____
3. ____

Dankbaarheid

Ik ben dankbaar voor ... Datum: ....../...../......

....

1.____
2.____
3.____

Ik ben dankbaar voor ... Datum: ....../...../......

....

1.____
2.____
3.____

Ik ben dankbaar voor ... Datum: ....../...../......

....

1.____
2.____
3.____

Dankbaarheid

Ik ben dankbaar voor ... Datum: ....../...../......

....

1.____

2.____

3.____

Ik ben dankbaar voor ... Datum: ....../...../......

....

1.____

2.____

3.____

Ik ben dankbaar voor ... Datum: ....../...../......

....

1.____

2.____

3.____

Dankbaarheid

Ik ben dankbaar voor ... Datum: ....../...../......

....

1.______________________________________

2.______________________________________

3.______________________________________

Ik ben dankbaar voor ... Datum: ....../...../......

....

1.______________________________________

2.______________________________________

3.______________________________________

Ik ben dankbaar voor ... Datum: ....../...../......

....

1.______________________________________

2.______________________________________

3.______________________________________

Dankbaarheid

Ik ben dankbaar voor ... Datum: ....../...../......

....

1.____

2.____

3.____

Ik ben dankbaar voor ... Datum: ....../...../......

....

1.____

2.____

3.____

Ik ben dankbaar voor ... Datum: ....../...../......

....

1.____

2.____

3.____

Dankbaarheid

Ik ben dankbaar voor ... Datum: ....../...../......

....

1. ____
2. ____
3. ____

Ik ben dankbaar voor ... Datum: ....../...../......

....

1. ____
2. ____
3. ____

Ik ben dankbaar voor ... Datum: ....../...../......

....

1. ____
2. ____
3. ____

Dankbaarheid

Ik ben dankbaar voor ... Datum: ....../...../......

....

1.____

2.____

3.____

Ik ben dankbaar voor ... Datum: ....../...../......

....

1.____

2.____

3.____

Ik ben dankbaar voor ... Datum: ....../...../......

....

1.____

2.____

3.____

Dankbaarheid

Ik ben dankbaar voor ... Datum: ....../...../......

....

1.____

2.____

3.____

Ik ben dankbaar voor ... Datum: ....../...../......

....

1.____

2.____

3.____

Ik ben dankbaar voor ... Datum: ....../...../......

....

1.____

2.____

3.____

Dankbaarheid

Ik ben dankbaar voor ... Datum: ....../....../......

....

1. ______________________________
2. ______________________________
3. ______________________________

Ik ben dankbaar voor ... Datum: ....../....../......

....

1. ______________________________
2. ______________________________
3. ______________________________

Ik ben dankbaar voor ... Datum: ....../....../......

....

1. ______________________________
2. ______________________________
3. ______________________________

Dankbaarheid

Ik ben dankbaar voor ... Datum: ....../...../......

....

1.______________________________

2.______________________________

3.______________________________

Ik ben dankbaar voor ... Datum: ....../...../......

....

1.______________________________

2.______________________________

3.______________________________

Ik ben dankbaar voor ... Datum: ....../...../......

....

1.______________________________

2.______________________________

3.______________________________

Dankbaarheid

Ik ben dankbaar voor ... Datum: ....../....../......

....

1. ____
2. ____
3. ____

Ik ben dankbaar voor ... Datum: ....../....../......

....

1. ____
2. ____
3. ____

Ik ben dankbaar voor ... Datum: ....../....../......

....

1. ____
2. ____
3. ____

Dankbaarheid

Ik ben dankbaar voor ... Datum: ....../...../......

....

1.____

2.____

3.____

Ik ben dankbaar voor ... Datum: ....../...../......

....

1.____

2.____

3.____

Ik ben dankbaar voor ... Datum: ....../...../......

....

1.____

2.____

3.____

Dankbaarheid

Ik ben dankbaar voor ... Datum: ....../...../......

....

1.____

2.____

3.____

Ik ben dankbaar voor ... Datum: ....../...../......

....

1.____

2.____

3.____

Ik ben dankbaar voor ... Datum: ....../...../......

....

1.____

2.____

3.____

Dankbaarheid

Ik ben dankbaar voor ... Datum: ....../...../......

....

1.____

2.____

3.____

Ik ben dankbaar voor ... Datum: ....../...../......

....

1.____

2.____

3.____

Ik ben dankbaar voor ... Datum: ....../...../......

....

1.____

2.____

3.____

Dankbaarheid

Ik ben dankbaar voor ... Datum: ....../...../......

....

1. ____
2. ____
3. ____

Ik ben dankbaar voor ... Datum: ....../...../......

....

1. ____
2. ____
3. ____

Ik ben dankbaar voor ... Datum: ....../...../......

....

1. ____
2. ____
3. ____

Dankbaarheid

Ik ben dankbaar voor ... Datum: ....../...../......

....

1.____

2.____

3.____

Ik ben dankbaar voor ... Datum: ....../...../......

....

1.____

2.____

3.____

Ik ben dankbaar voor ... Datum: ....../...../......

....

1.____

2.____

3.____

Dankbaarheid

Ik ben dankbaar voor ... Datum: ....../...../......

....

1. ________________________________
2. ________________________________
3. ________________________________

Ik ben dankbaar voor ... Datum: ....../...../......

....

1. ________________________________
2. ________________________________
3. ________________________________

Ik ben dankbaar voor ... Datum: ....../...../......

....

1. ________________________________
2. ________________________________
3. ________________________________

Dankbaarheid

Ik ben dankbaar voor ... Datum: ....../...../......

....

1. ____________________________________

2. ____________________________________

3. ____________________________________

Ik ben dankbaar voor ... Datum: ....../...../......

....

1. ____________________________________

2. ____________________________________

3. ____________________________________

Ik ben dankbaar voor ... Datum: ....../...../......

....

1. ____________________________________

2. ____________________________________

3. ____________________________________

Dankbaarheid

Ik ben dankbaar voor ... Datum: ....../...../......

....

1.____

2.____

3.____

Ik ben dankbaar voor ... Datum: ....../...../......

....

1.____

2.____

3.____

Ik ben dankbaar voor ... Datum: ....../...../......

....

1.____

2.____

3.____

Dankbaarheid

Ik ben dankbaar voor ... Datum: ....../...../......

....

1.____

2.____

3.____

Ik ben dankbaar voor ... Datum: ....../...../......

....

1.____

2.____

3.____

Ik ben dankbaar voor ... Datum: ....../...../......

....

1.____

2.____

3.____

Dankbaarheid

Ik ben dankbaar voor ... Datum: ....../....../......

....

1.____
2.____
3.____

Ik ben dankbaar voor ... Datum: ....../....../......

....

1.____
2.____
3.____

Ik ben dankbaar voor ... Datum: ....../....../......

....

1.____
2.____
3.____

Dankbaarheid

Ik ben dankbaar voor ... Datum: ....../...../......

....

1.____

2.____

3.____

Ik ben dankbaar voor ... Datum: ....../...../......

....

1.____

2.____

3.____

Ik ben dankbaar voor ... Datum: ....../...../......

....

1.____

2.____

3.____

Dankbaarheid

Ik ben dankbaar voor ... Datum: ....../....../......
....
1.______________________________
2.______________________________
3.______________________________

Ik ben dankbaar voor ... Datum: ....../....../......
....
1.______________________________
2.______________________________
3.______________________________

Ik ben dankbaar voor ... Datum: ....../....../......
....
1.______________________________
2.______________________________
3.______________________________

Dankbaarheid

Ik ben dankbaar voor ... Datum: ....../...../......
....
1.____
2.____
3.____

Ik ben dankbaar voor ... Datum: ....../...../......
....
1.____
2.____
3.____

Ik ben dankbaar voor ... Datum: ....../...../......
....
1.____
2.____
3.____

Dankbaarheid

Ik ben dankbaar voor ... Datum: ....../...../......

....

1. ____

2. ____

3. ____

Ik ben dankbaar voor ... Datum: ....../...../......

....

1. ____

2. ____

3. ____

Ik ben dankbaar voor ... Datum: ....../...../......

....

1. ____

2. ____

3. ____

Dankbaarheid

Ik ben dankbaar voor ... Datum: ....../...../......

....

1.______________________________________

2.______________________________________

3.______________________________________

Ik ben dankbaar voor ... Datum: ....../...../......

....

1.______________________________________

2.______________________________________

3.______________________________________

Ik ben dankbaar voor ... Datum: ....../...../......

....

1.______________________________________

2.______________________________________

3.______________________________________

Dankbaarheid

Ik ben dankbaar voor ... Datum: ....../...../......

....

1.____

2.____

3.____

Ik ben dankbaar voor ... Datum: ....../...../......

....

1.____

2.____

3.____

Ik ben dankbaar voor ... Datum: ....../...../......

....

1.____

2.____

3.____

Dankbaarheid

Ik ben dankbaar voor ... Datum: ....../...../......

....

1.____

2.____

3.____

Ik ben dankbaar voor ... Datum: ....../...../......

....

1.____

2.____

3.____

Ik ben dankbaar voor ... Datum: ....../...../......

....

1.____

2.____

3.____

Dankbaarheid

Ik ben dankbaar voor ... Datum: ....../....../......

....

1.____

2.____

3.____

Ik ben dankbaar voor ... Datum: ....../....../......

....

1.____

2.____

3.____

Ik ben dankbaar voor ... Datum: ....../....../......

....

1.____

2.____

3.____

Dankbaarheid

Ik ben dankbaar voor ... Datum: ....../...../......

....

1.____

2.____

3.____

Ik ben dankbaar voor ... Datum: ....../...../......

....

1.____

2.____

3.____

Ik ben dankbaar voor ... Datum: ....../...../......

....

1.____

2.____

3.____

Dankbaarheid

Ik ben dankbaar voor ... Datum: ....../...../......

....

1.______________________________

2.______________________________

3.______________________________

Ik ben dankbaar voor ... Datum: ....../...../......

....

1.______________________________

2.______________________________

3.______________________________

Ik ben dankbaar voor ... Datum: ....../...../......

....

1.______________________________

2.______________________________

3.______________________________

Dankbaarheid

Ik ben dankbaar voor ... Datum: ....../...../......

....

1.____
2.____
3.____

Ik ben dankbaar voor ... Datum: ....../...../......

....

1.____
2.____
3.____

Ik ben dankbaar voor ... Datum: ....../...../......

....

1.____
2.____
3.____

Dankbaarheid

Ik ben dankbaar voor ... Datum: ....../...../......

....

1.______________________________________

2.______________________________________

3.______________________________________

Ik ben dankbaar voor ... Datum: ....../...../......

....

1.______________________________________

2.______________________________________

3.______________________________________

Ik ben dankbaar voor ... Datum: ....../...../......

....

1.______________________________________

2.______________________________________

3.______________________________________

Dankbaarheid

Ik ben dankbaar voor ... Datum: ....../...../......

....

1.____
2.____
3.____

Ik ben dankbaar voor ... Datum: ....../...../......

....

1.____
2.____
3.____

Ik ben dankbaar voor ... Datum: ....../...../......

....

1.____
2.____
3.____

Dankbaarheid

Ik ben dankbaar voor ... Datum: ....../...../......

....

1. ____
2. ____
3. ____

Ik ben dankbaar voor ... Datum: ....../...../......

....

1. ____
2. ____
3. ____

Ik ben dankbaar voor ... Datum: ....../...../......

....

1. ____
2. ____
3. ____

Dankbaarheid

Ik ben dankbaar voor ... Datum: ....../...../......

....

1.____

2.____

3.____

Ik ben dankbaar voor ... Datum: ....../...../......

....

1.____

2.____

3.____

Ik ben dankbaar voor ... Datum: ....../...../......

....

1.____

2.____

3.____

Dankbaarheid

Ik ben dankbaar voor ... Datum: ....../...../......

....

1. ______________________________

2. ______________________________

3. ______________________________

Ik ben dankbaar voor ... Datum: ....../...../......

....

1. ______________________________

2. ______________________________

3. ______________________________

Ik ben dankbaar voor ... Datum: ....../...../......

....

1. ______________________________

2. ______________________________

3. ______________________________

Dankbaarheid

Ik ben dankbaar voor ... Datum: ....../...../......

....

1. ____
2. ____
3. ____

Ik ben dankbaar voor ... Datum: ....../...../......

....

1. ____
2. ____
3. ____

Ik ben dankbaar voor ... Datum: ....../...../......

....

1. ____
2. ____
3. ____

Dankbaarheid

Ik ben dankbaar voor ... Datum: ....../...../......

....

1.____

2.____

3.____

Ik ben dankbaar voor ... Datum: ....../...../......

....

1.____

2.____

3.____

Ik ben dankbaar voor ... Datum: ....../...../......

....

1.____

2.____

3.____

Dankbaarheid

Ik ben dankbaar voor ... Datum: ....../...../......

....

1.____

2.____

3.____

Ik ben dankbaar voor ... Datum: ....../...../......

....

1.____

2.____

3.____

Ik ben dankbaar voor ... Datum: ....../...../......

....

1.____

2.____

3.____

Dankbaarheid

Ik ben dankbaar voor ... Datum: ....../...../......

....

1.____

2.____

3.____

Ik ben dankbaar voor ... Datum: ....../...../......

....

1.____

2.____

3.____

Ik ben dankbaar voor ... Datum: ....../...../......

....

1.____

2.____

3.____

Dankbaarheid

Ik ben dankbaar voor ... Datum: ....../...../......

....

1.____

2.____

3.____

Ik ben dankbaar voor ... Datum: ....../...../......

....

1.____

2.____

3.____

Ik ben dankbaar voor ... Datum: ....../...../......

....

1.____

2.____

3.____

Dankbaarheid

Ik ben dankbaar voor ... Datum: ....../...../......

....

1.____

2.____

3.____

Ik ben dankbaar voor ... Datum: ....../...../......

....

1.____

2.____

3.____

Ik ben dankbaar voor ... Datum: ....../...../......

....

1.____

2.____

3.____

Dankbaarheid

Ik ben dankbaar voor ... Datum: ....../...../......

....

1.____
2.____
3.____

Ik ben dankbaar voor ... Datum: ....../...../......

....

1.____
2.____
3.____

Ik ben dankbaar voor ... Datum: ....../...../......

....

1.____
2.____
3.____

Dankbaarheid

Ik ben dankbaar voor ... Datum: ....../...../......

....

1.____

2.____

3.____

Ik ben dankbaar voor ... Datum: ....../...../......

....

1.____

2.____

3.____

Ik ben dankbaar voor ... Datum: ....../...../......

....

1.____

2.____

3.____

Dankbaarheid

Ik ben dankbaar voor ... Datum: ....../...../......

....

1.______________________________________

2.______________________________________

3.______________________________________

Ik ben dankbaar voor ... Datum: ....../...../......

....

1.______________________________________

2.______________________________________

3.______________________________________

Ik ben dankbaar voor ... Datum: ....../...../......

....

1.______________________________________

2.______________________________________

3.______________________________________

Dankbaarheid

Ik ben dankbaar voor ... Datum: ....../...../......

....

1.____
2.____
3.____

Ik ben dankbaar voor ... Datum: ....../...../......

....

1.____
2.____
3.____

Ik ben dankbaar voor ... Datum: ....../...../......

....

1.____
2.____
3.____

Dankbaarheid

Ik ben dankbaar voor ... Datum: ....../...../......

....

1.____

2.____

3.____

Ik ben dankbaar voor ... Datum: ....../...../......

....

1.____

2.____

3.____

Ik ben dankbaar voor ... Datum: ....../...../......

....

1.____

2.____

3.____

Dankbaarheid

Ik ben dankbaar voor ... Datum: ....../...../......

....

1. ______________________________________
2. ______________________________________
3. ______________________________________

Ik ben dankbaar voor ... Datum: ....../...../......

....

1. ______________________________________
2. ______________________________________
3. ______________________________________

Ik ben dankbaar voor ... Datum: ....../...../......

....

1. ______________________________________
2. ______________________________________
3. ______________________________________

Dankbaarheid

Ik ben dankbaar voor ... Datum: ....../...../......

....

1.____

2.____

3.____

Ik ben dankbaar voor ... Datum: ....../...../......

....

1.____

2.____

3.____

Ik ben dankbaar voor ... Datum: ....../...../......

....

1.____

2.____

3.____

Dankbaarheid

Ik ben dankbaar voor ... Datum: ....../...../......

....

1.____

2.____

3.____

Ik ben dankbaar voor ... Datum: ....../...../......

....

1.____

2.____

3.____

Ik ben dankbaar voor ... Datum: ....../...../......

....

1.____

2.____

3.____

Dankbaarheid

Ik ben dankbaar voor ... Datum: ....../....../......

....

1.____

2.____

3.____

Ik ben dankbaar voor ... Datum: ....../....../......

....

1.____

2.____

3.____

Ik ben dankbaar voor ... Datum: ....../....../......

....

1.____

2.____

3.____

Dankbaarheid

Ik ben dankbaar voor ... Datum: ....../....../......

....

1. ____
2. ____
3. ____

Ik ben dankbaar voor ... Datum: ....../....../......

....

1. ____
2. ____
3. ____

Ik ben dankbaar voor ... Datum: ....../....../......

....

1. ____
2. ____
3. ____

Dankbaarheid

Ik ben dankbaar voor ... Datum: ....../...../......

....

1.______________________________

2.______________________________

3.______________________________

Ik ben dankbaar voor ... Datum: ....../...../......

....

1.______________________________

2.______________________________

3.______________________________

Ik ben dankbaar voor ... Datum: ....../...../......

....

1.______________________________

2.______________________________

3.______________________________

Dankbaarheid

Ik ben dankbaar voor ... Datum: ....../...../......

....

1. ______________________________________
2. ______________________________________
3. ______________________________________

Ik ben dankbaar voor ... Datum: ....../...../......

....

1. ______________________________________
2. ______________________________________
3. ______________________________________

Ik ben dankbaar voor ... Datum: ....../...../......

....

1. ______________________________________
2. ______________________________________
3. ______________________________________

Dankbaarheid

Ik ben dankbaar voor ... Datum: ....../...../......

....

1.____

2.____

3.____

Ik ben dankbaar voor ... Datum: ....../...../......

....

1.____

2.____

3.____

Ik ben dankbaar voor ... Datum: ....../...../......

....

1.____

2.____

3.____

Dankbaarheid

Ik ben dankbaar voor ... Datum: ....../...../......

....

1.____

2.____

3.____

Ik ben dankbaar voor ... Datum: ....../...../......

....

1.____

2.____

3.____

Ik ben dankbaar voor ... Datum: ....../...../......

....

1.____

2.____

3.____

Dankbaarheid

Ik ben dankbaar voor ... Datum: ....../...../......

....

1. ____

2. ____

3. ____

Ik ben dankbaar voor ... Datum: ....../...../......

....

1. ____

2. ____

3. ____

Ik ben dankbaar voor ... Datum: ....../...../......

....

1. ____

2. ____

3. ____

Dankbaarheid

Ik ben dankbaar voor ... Datum: ....../...../......

....

1.______________________________________

2.______________________________________

3.______________________________________

Ik ben dankbaar voor ... Datum: ....../...../......

....

1.______________________________________

2.______________________________________

3.______________________________________

Ik ben dankbaar voor ... Datum: ....../...../......

....

1.______________________________________

2.______________________________________

3.______________________________________

Dankbaarheid

Ik ben dankbaar voor ... Datum: ....../...../......

....

1.______________________________________

2.______________________________________

3.______________________________________

Ik ben dankbaar voor ... Datum: ....../...../......

....

1.______________________________________

2.______________________________________

3.______________________________________

Ik ben dankbaar voor ... Datum: ....../...../......

....

1.______________________________________

2.______________________________________

3.______________________________________

Dankbaarheid

Ik ben dankbaar voor ... Datum: ....../...../......

....

1.____

2.____

3.____

Ik ben dankbaar voor ... Datum: ....../...../......

....

1.____

2.____

3.____

Ik ben dankbaar voor ... Datum: ....../...../......

....

1.____

2.____

3.____

Dankbaarheid

Ik ben dankbaar voor ... Datum: ....../....../......

....

1.______________________________________

2.______________________________________

3.______________________________________

Ik ben dankbaar voor ... Datum: ....../....../......

....

1.______________________________________

2.______________________________________

3.______________________________________

Ik ben dankbaar voor ... Datum: ....../....../......

....

1.______________________________________

2.______________________________________

3.______________________________________

Dankbaarheid

Ik ben dankbaar voor ... Datum: ....../...../......

....

1.____

2.____

3.____

Ik ben dankbaar voor ... Datum: ....../...../......

....

1.____

2.____

3.____

Ik ben dankbaar voor ... Datum: ....../...../......

....

1.____

2.____

3.____

Dankbaarheid

Ik ben dankbaar voor ... Datum: ....../...../......

....

1.____

2.____

3.____

Ik ben dankbaar voor ... Datum: ....../...../......

....

1.____

2.____

3.____

Ik ben dankbaar voor ... Datum: ....../...../......

....

1.____

2.____

3.____

Dankbaarheid

Ik ben dankbaar voor ... Datum: ....../....../......

....

1.______________________________________

2.______________________________________

3.______________________________________

Ik ben dankbaar voor ... Datum: ....../....../......

....

1.______________________________________

2.______________________________________

3.______________________________________

Ik ben dankbaar voor ... Datum: ....../....../......

....

1.______________________________________

2.______________________________________

3.______________________________________

Dankbaarheid

Ik ben dankbaar voor ... Datum: ....../...../......

....

1.______________________________________
2.______________________________________
3.______________________________________

Ik ben dankbaar voor ... Datum: ....../...../......

....

1.______________________________________
2.______________________________________
3.______________________________________

Ik ben dankbaar voor ... Datum: ....../...../......

....

1.______________________________________
2.______________________________________
3.______________________________________

Dankbaarheid

Ik ben dankbaar voor ... Datum: ....../...../......

....

1. ____________________________________
2. ____________________________________
3. ____________________________________

Ik ben dankbaar voor ... Datum: ....../...../......

....

1. ____________________________________
2. ____________________________________
3. ____________________________________

Ik ben dankbaar voor ... Datum: ....../...../......

....

1. ____________________________________
2. ____________________________________
3. ____________________________________

Dankbaarheid

Ik ben dankbaar voor ... Datum: ....../...../......

....

1. ____
2. ____
3. ____

Ik ben dankbaar voor ... Datum: ....../...../......

....

1. ____
2. ____
3. ____

Ik ben dankbaar voor ... Datum: ....../...../......

....

1. ____
2. ____
3. ____

Dankbaarheid

Ik ben dankbaar voor ... Datum: ....../...../......

....

1.______________________________________
2.______________________________________
3.______________________________________

Ik ben dankbaar voor ... Datum: ....../...../......

....

1.______________________________________
2.______________________________________
3.______________________________________

Ik ben dankbaar voor ... Datum: ....../...../......

....

1.______________________________________
2.______________________________________
3.______________________________________

Dankbaarheid

Ik ben dankbaar voor ... Datum: ....../...../......

....

1.____
2.____
3.____

Ik ben dankbaar voor ... Datum: ....../...../......

....

1.____
2.____
3.____

Ik ben dankbaar voor ... Datum: ....../...../......

....

1.____
2.____
3.____

Dankbaarheid

Ik ben dankbaar voor ... Datum: ....../...../......

....

1.____

2.____

3.____

Ik ben dankbaar voor ... Datum: ....../...../......

....

1.____

2.____

3.____

Ik ben dankbaar voor ... Datum: ....../...../......

....

1.____

2.____

3.____

Dankbaarheid

Ik ben dankbaar voor ... Datum: ....../...../......
....

1.____
2.____
3.____

Ik ben dankbaar voor ... Datum: ....../...../......
....

1.____
2.____
3.____

Ik ben dankbaar voor ... Datum: ....../...../......
....

1.____
2.____
3.____

Dankbaarheid

Ik ben dankbaar voor ... Datum: ....../...../......

....

1.____
2.____
3.____

Ik ben dankbaar voor ... Datum: ....../...../......

....

1.____
2.____
3.____

Ik ben dankbaar voor ... Datum: ....../...../......

....

1.____
2.____
3.____

Dankbaarheid

Ik ben dankbaar voor ... Datum: ....../...../......

....

1. ____
2. ____
3. ____

Ik ben dankbaar voor ... Datum: ....../...../......

....

1. ____
2. ____
3. ____

Ik ben dankbaar voor ... Datum: ....../...../......

....

1. ____
2. ____
3. ____

Dankbaarheid

Ik ben dankbaar voor ... Datum: ....../....../......

....

1.______________________________________

2.______________________________________

3.______________________________________

Ik ben dankbaar voor ... Datum: ....../....../......

....

1.______________________________________

2.______________________________________

3.______________________________________

Ik ben dankbaar voor ... Datum: ....../....../......

....

1.______________________________________

2.______________________________________

3.______________________________________

Dankbaarheid

Ik ben dankbaar voor ... Datum: ....../...../......

....

1. ____
2. ____
3. ____

Ik ben dankbaar voor ... Datum: ....../...../......

....

1. ____
2. ____
3. ____

Ik ben dankbaar voor ... Datum: ....../...../......

....

1. ____
2. ____
3. ____

Dankbaarheid

Ik ben dankbaar voor ... Datum: ....../...../......

....

1. ____
2. ____
3. ____

Ik ben dankbaar voor ... Datum: ....../...../......

....

1. ____
2. ____
3. ____

Ik ben dankbaar voor ... Datum: ....../...../......

....

1. ____
2. ____
3. ____

Dankbaarheid

Ik ben dankbaar voor ... Datum: ....../...../......

....

1.____

2.____

3.____

Ik ben dankbaar voor ... Datum: ....../...../......

....

1.____

2.____

3.____

Ik ben dankbaar voor ... Datum: ....../...../......

....

1.____

2.____

3.____

Dankbaarheid

Ik ben dankbaar voor ... Datum: ....../...../......

....

1.____
2.____
3.____

Ik ben dankbaar voor ... Datum: ....../...../......

....

1.____
2.____
3.____

Ik ben dankbaar voor ... Datum: ....../...../......

....

1.____
2.____
3.____

Dankbaarheid

Ik ben dankbaar voor ... Datum: ....../....../......

....

1.____
2.____
3.____

Ik ben dankbaar voor ... Datum: ....../....../......

....

1.____
2.____
3.____

Ik ben dankbaar voor ... Datum: ....../....../......

....

1.____
2.____
3.____

Dankbaarheid

Ik ben dankbaar voor ... Datum: ....../...../......

....

1. ____
2. ____
3. ____

Ik ben dankbaar voor ... Datum: ....../...../......

....

1. ____
2. ____
3. ____

Ik ben dankbaar voor ... Datum: ....../...../......

....

1. ____
2. ____
3. ____

Dankbaarheid

Ik ben dankbaar voor ... Datum: ....../...../......

....

1.____

2.____

3.____

Ik ben dankbaar voor ... Datum: ....../...../......

....

1.____

2.____

3.____

Ik ben dankbaar voor ... Datum: ....../...../......

....

1.____

2.____

3.____

Dankbaarheid

Ik ben dankbaar voor ... Datum: ....../....../......

....

1.____

2.____

3.____

Ik ben dankbaar voor ... Datum: ....../....../......

....

1.____

2.____

3.____

Ik ben dankbaar voor ... Datum: ....../....../......

....

1.____

2.____

3.____

Dankbaarheid

Ik ben dankbaar voor ... Datum: ....../...../......

....

1. ______________________________________

2. ______________________________________

3. ______________________________________

Ik ben dankbaar voor ... Datum: ....../...../......

....

1. ______________________________________

2. ______________________________________

3. ______________________________________

Ik ben dankbaar voor ... Datum: ....../...../......

....

1. ______________________________________

2. ______________________________________

3. ______________________________________

Dankbaarheid

Ik ben dankbaar voor ... Datum: ....../...../......

....

1.____
2.____
3.____

Ik ben dankbaar voor ... Datum: ....../...../......

....

1.____
2.____
3.____

Ik ben dankbaar voor ... Datum: ....../...../......

....

1.____
2.____
3.____

Dankbaarheid

Ik ben dankbaar voor ... Datum: ....../...../......

....

1.____

2.____

3.____

Ik ben dankbaar voor ... Datum: ....../...../......

....

1.____

2.____

3.____

Ik ben dankbaar voor ... Datum: ....../...../......

....

1.____

2.____

3.____

Dankbaarheid

Ik ben dankbaar voor ... Datum: ....../...../......

....

1.____________________________________

2.____________________________________

3.____________________________________

Ik ben dankbaar voor ... Datum: ....../...../......

....

1.____________________________________

2.____________________________________

3.____________________________________

Ik ben dankbaar voor ... Datum: ....../...../......

....

1.____________________________________

2.____________________________________

3.____________________________________

Dankbaarheid

Ik ben dankbaar voor ... Datum: ....../...../......

....

1. ____
2. ____
3. ____

Ik ben dankbaar voor ... Datum: ....../...../......

....

1. ____
2. ____
3. ____

Ik ben dankbaar voor ... Datum: ....../...../......

....

1. ____
2. ____
3. ____

Dankbaarheid

Ik ben dankbaar voor ... Datum: ....../...../......

....

1.____
2.____
3.____

Ik ben dankbaar voor ... Datum: ....../...../......

....

1.____
2.____
3.____

Ik ben dankbaar voor ... Datum: ....../...../......

....

1.____
2.____
3.____

Printed in France by Amazon
Brétigny-sur-Orge, FR

14391968R00070